7/50

Jürgen Blunck

Missionarische Freizeiten

150

Herausgegeben in Verbindung mit der
Arbeitsgemeinschaft Jugendevangelisation
im

AUSSAAT VERLAG WUPPERTAL

INHALT

I. WARUM MISSIONARISCHE FREIZEITEN?

1. Freizeiten — die große Chance zur Mission

Freizeit — dies Wort löst immer wieder Faszination bei jungen Menschen aus. Zwar ist die alte Lager-Romantik vergangen. Doch an ihre Stelle ist eine Freizeit-Romantik getreten, die als ein zu verwirklichender Traum in den Köpfen der Jugendlichen wirkt und sie auf Freizeitangebote von allen Seiten positiv reagieren läßt. Man möchte —

fremde Länder kennenlernen,
einfach einmal fort von zu Hause und der elterlichen Aufsicht,

etwas erleben, was den Alltag sprengt und etwas anderes ist als nur ein häuslicher Urlaub (der oft als langweilig empfunden wird),

mit seinen Freunden und Kumpanen länger als nur ein paar Stunden zusammen sein (die Romantik der Nächte auskosten!).

Die kommerzielle Reise-Industrie hat dies längst erkannt und macht eigene Freizeitangebote für junge Leute. Darunter gibt es auch in zunehmendem Maße Gruppenangebote, weil man jüngere Schichten ansprechen will, die noch auf eine erwachsene Aufsichtsperson angewiesen sind, um in die Ferne zu kommen.

Wie reagieren die Christen auf diesen Run zur Freizeit? Zunehmend werden auch von kirchlicher Seite aus Freizeiten für Jugendliche angeboten. Diese Freizeiten werden nicht nur von Jugendlichen aus christlichen Jugendgruppen belegt. Ungezählte Jugendliche melden sich Jahr für Jahr auf von kirchlichen Trägern organisierten Freizeiten an, die man sonst nie in der Kirche oder in christlichen Jugendgruppen sieht. Noch größer ist die Zahl der Jugendlichen, die zwar zu irgendwelchen kirchlichen Jugendgruppen oder Häusern der Offenen Tür kommen, aber dennoch persönlich unberührt vom Evangelium sind.

Kaum eine Veranstaltungsform der Kirche erreicht so viele junge dem Evangelium entfremdete Menschen wie eine Freizeit. Warum sollten wir diese Chance nicht ausnutzen, ihnen die Botschaft von Jesus nahezubringen? Warum vertun ungezählte kirchliche Veranstalter von Freizeiten die Chance einer Erholungsfreizeit und funktionieren sie nicht um zu einer missionarischen Freizeit?

Manche unternehmen zu Hause die größten Anstrengungen und Mühen, eine Evangelisationswoche durchzuführen. Was kostet das nicht alles an Zeit und Kräften und auch an Finanzen! Viele andere scheuen das, weil es ihre Kräfte übersteigt (wirklich?). Übersehen wir nicht vielfach dabei die naheliegendste Möglichkeit der Evangelisation: Freizeiten? Man muß sich einmal klarmachen, welche ungeheuren missionarischen Möglichkeiten z. B. eine 14tägige Sommerfreizeit bietet:

Hier hört der junge Mensch nicht nur ein- oder zweimal in der Woche die Botschaft von Jesus, sondern mindestens vierzehn Tage lang täglich.

Hier beschränkt sich das Hören nicht auf eine kurze Andacht, sondern nimmt einen festen Programmpunkt im Tagesablauf ein, der etwa eine Stunde dauert. Darüber hinaus bietet der Tag noch manche anderen Gelegenheiten (wir kommen noch darauf zu sprechen).

Hier ist der junge Mensch nach dem Hören nicht sofort wieder gefangengenommen von den vielerlei Pflichten des Alltags, sondern hat Zeit, über das Gehörte weiter nachzudenken, hat Zeit zum Gespräch über das Angebot und die Anfrage des Glaubens.

Hier sind Wort und Leben viel enger miteinander verbunden, weil man den ganzen Tag zusammen ist und sich nun erweisen muß, wie

5

das Wort Jesu den Tagesablauf und das Verhalten der Christen in den vielen kleinen Dingen des Tages prägt und bestimmt.

Hier sind die Verkündiger des Wortes viel besser zu beobachten, wie weit sie nur fromme Ansprachen halten oder ihr ganzer Umgang mit den anderen von diesem Leben mit Jesus durchdrungen ist.

Hier kann man die ersten Schritte des Glaubens leichter (und gemeinsam) einüben als im Alltag zu Hause, z. B. die tägliche stille Zeit mit dem Wort Gottes nach einem gemeinsamen Bibelleseplan — das Reden mit Gott über alle Dinge, die einen bewegen — das Bekennen im kleinen Kreis, das Zeugnisgeben vor anderen — den Dienst am Nächsten, u. U. unter Opfer und Verzicht auf eigene Vorteile usw.

Bevor wir uns allzuschnell praktischen Einzelheiten zuwenden, müssen zwei Grundfragen geklärt sein, die wesentlich sind zur Durchführung von missionarischen Freizeiten.

2. Wollen wir die Chance zur Mission nutzen?

Gott gibt uns in unserer Zeit durch die Freizeiten die Chance zur Mission. Die Frage ist nur die, ob wir diese Chance auch nutzen wollen!

Genauer: ob wir mit allem Ernst und aller Leidenschaft missionieren wollen.

Es genügt nicht, daß man eben auch zur Mission bereit ist, wenn es sich irgendwo und irgendwie ergeben sollte. Missionieren muß man bewußt und gezielt wollen.

Jesus hat nicht nur missioniert, wenn es sich gerade so ergab. Er war leidenschaftlich darauf aus, Menschen zu Gott heimzurufen. Diese Leidenschaft hat er seinen Jüngern in genau der gleichen Weise aufgetragen. Johannes 20, 21 heißt es: „Gleichwie mich mein Vater gesandt hat, so sende ich euch!" Also keine Sendung in abgeschwächter Form, sondern „gleichwie ich — so ihr". Der missionarische Eifer Jesu soll also prototypisch (vorbildlich) sein für die, die sich seine Jünger und Christen nennen.

Ein Mann wie Paulus, dessen Leben selber von diesem Willen zur Mission geformt war, hat es seinem Schüler und Mitarbeiter Timotheus eingeprägt: „Predige das Wort, es sei zur Zeit oder zur Unzeit" (2. Tim. 4, 2). Zur Unzeit meint: auch wenn es jetzt nach menschlichem Ermessen nicht passend ist, wenn anscheinend keine Gelegenheit da ist, wenn die wohltemperierten, lahmen Mitchristen sagen: „Aber doch nicht ausgerechnet jetzt!"

Ein Pfarrer plante zum Abschluß des Konfirmandenunterrichts eine viertägige Konfirmandenfreizeit (sehr zu empfehlen!). Doch als ihn dann der Jugendwart, der sie mit durchführen sollte, fragte: „Worüber wollen wir die Bibelarbeiten halten?", kam die Antwort: „Ach, verschonen Sie die Kinder diesmal damit. Die haben doch die ganze Zeit Unterricht gehabt!" Ungenutzte Chance!

Gerade Konfirmandenfreizeiten sind eine große Chance, den Jugendlichen von einer oft nur lehrmäßigen und theoretischen Beschäftigung mit dem christlichen Glauben zu einer lebensmäßigen Vertiefung, ja u. U. zu einer echten Lebensübergabe an Christus zu helfen. Aber wieder bleibt die Frage: Wollen wir das? Oder begnügen wir uns mit einem bißchen Christianisierung, mit einem leichten christlichen Anstrich des alten Adam?

Zur Unterstreichung dieser Anfrage an unser missionarisches Wollen beantworte man doch anhand der Bibel folgende Fragen:

Wie haben die ersten Christen reagiert, als man ihnen den Privatglauben erlaubte, aber das öffentliche Missionieren verbot? (s. Apg. 4, 18—20; 5, 27—29)

Welche Konsequenzen haben die ersten Christen daraus gezogen, daß man sie um ihrer missionarischen Tätigkeit willen aus ihrer Heimat vertrieb? (s. Apg. 8, 1. 4; 11, 19—21)

Was hat Jesus zu missionarischer Passivität im Gleichnis gesagt? (s. Matth. 25, 14—30)

Wir verweisen bei unserem gegenwärtigen Mangel an missionarischen Bemühungen gern auf die angeblich so veränderte Situation oder auf unseren eigenen Mangel an Begabungen zur evangelistischen Verkündigung. Ich bin überzeugt, daß dies nicht die wahren Ursachen sind. Weder die Situation war in der Urchristenheit günstiger zur Mission noch die Urchristen selber waren begabter dazu. Die entscheidende Frage ist die nach unserem missionarischen Wollen!

Wollen wir die Chance, die Gott uns heute durch mancherlei Arten von Freizeiten (Erholungsfreizeiten, Konfirmandenfreizeiten, Wochenendfreizeiten, Begegnungsfreizeiten im Ausland) gibt, nutzen zur Ausführung seines missionarischen Auftrags? Das ist die eine Voraussetzung zur Durchführung missionarischer Freizeiten.

3. Was ist missionarische Verkündigung?

Damit nennen wir die zweite Voraussetzung zur Durchführung missionarischer Freizeiten:

Man muß wissen, was missionarische Verkündigung ist. Ich kann es auch so sagen: man muß wissen, was der entscheidende Inhalt der biblischen Botschaft ist. Die Frage des Missionierens und Evangelisierens ist nämlich in erster Linie eine Frage des Inhalts unserer Verkündigung und nicht der Form. Mancher kann einfach deswegen nicht missionarisch verkündigen, weil ihm selber nicht klar ist, was er sagen soll.

Morgenandacht und Tischgebet sind auf manchen kirchlichen Freizeiten üblich. Das ist sicher eine schöne Sache. Auch Information über biblische und kirchliche Aussagen sind sicher notwendig. Auch ist es erfreulich, wenn es mal zu einem Gespräch über den christlichen Glauben kommt.

Nur — allzu leicht bleibt dies in einem unverbindlichen kirchlichen Rahmen stecken, wo man freundlich seine unterschiedlichen Meinungen und Überzeugungen austauscht, ohne den anderen allzusehr anzugreifen. Schließlich ist man ja tolerant. Da kann man doch nicht darauf bestehen, daß man selber die Wahrheit habe und der andere nicht ... Da zieht man sich schon lieber auf allgemeine Spielregeln der Mitmenschlichkeit zurück, die nicht ganz so umstritten sind ...

In wie vielen religiösen Gesprächen geschieht im Grunde nichts anderes als religiöses Ping-Pong-Spiel ohne jeden Ernst des Gerichts Gottes und der Verlorenheit des Menschen vor Gott!

Missionarische Verkündigung bedeutet ein dreifaches:

a) Konzentration auf die Person und den Absolutheitsanspruch Jesu

Der junge Mensch fragt zutiefst nach einer heilen Welt. Heil im Vollsinn des Wortes (für das persönliche Leben, für das gesellschaftliche Leben, für das Leben vor Gott) gibt es nur in Jesus. In Jesus hat Gott alles geschaffen, was der Mensch zum heilen Leben braucht.

Darum konzentriert sich alles auf diesen Jesus, auf sein Leben, Sterben und Auferstehen. Jesus macht deutlich, daß das Grundproblem des Menschen die Entfremdung von Gott ist. Daher rührt auch alle Entfremdung des Menschen zu sich selbst. Im Kreuz wird diese meine Entfremdung durch Jesus rückgängig gemacht. Es geschieht Versöhnung (mit Gott und mit mir selbst).

Aus diesem Grundproblem und seiner sonst nicht gegebenen Lösung ergibt sich der Absolutheitsanspruch Jesu. Nur von ihm her und aus der Verbindung mit ihm bieten sich Lösungen an für alle anderen Lebensfragen, die den Menschen beschäftigen. Denn „wer Jesus hat, der hat das Leben; wer Jesus nicht hat, der hat das Leben nicht" (1. Joh. 5, 12).

b) Einladung zur Umkehr zu diesem Jesus, Ruf zur Bekehrung und Nachfolge

Es geht nicht darum, daß der junge Mensch diese oder jene christliche Ansicht oder christliche Aufgabe bejaht und übernimmt. Das wäre viel zu wenig. Es geht vielmehr um eine Übergabe seines ganzen Lebens an diesen Herrn der Welt. Jesus soll jetzt auch sein persönlicher Herr werden.

Es ist nämlich so, daß das Heil in Jesus Christus dem Menschen nicht einfach ohne oder gar gegen seinen Willen übergestülpt wird. Gott nimmt den Menschen als antwortfähiges Wesen (und darin unterscheidet er sich von allen anderen Lebewesen!) ernst. So gewiß das Heil von Gott endgültig und vollkommen in Jesus geschaffen ist, so gewiß hat der Mensch so lange keinen Anteil daran, als er sich nicht diesem Jesus im Glauben zu eigen gibt.

Darum laden wir ein zur Umkehr und Lebensübergabe. Dabei ist Bekehrung kein punktuelles Erlebnis, sondern Beginn der Nachfolge Jesu Christi. Solche Nachfolge führt —

in die persönliche Ich-Du-Beziehung des Menschen zu Jesus, die sich im Gebet realisiert,

in das Hören auf das Wort Christi, das sich im persönlichen Bibellesen sowie im gemeinsamen Gespräch über der Bibel vollzieht,

in das Bedenken aller Fragen des menschlichen Lebens „coram deo", d. h. im Licht, das das biblische Wort direkt oder indirekt auf diese Frage wirft,

in den Gehorsam des Glaubens (Röm. 1, 5), d. h. in das Verwirklichen des so Gehörten im religiösen wie sozialen Bereich.

c) Anleitung zu einem verbindlichen Leben in der Gemeinde Jesu und zum Dienst an der Gemeinde und an der Welt

Der junge Mensch soll wissen, daß solche Lebensübergabe an Jesus als den Herrn sehr konkret aussieht. Er muß in dieses Neuland eingeführt werden. Er ist ja — wie ein häufiger biblischer Vergleich es ausspricht — wie ein neugeborenes Kind. Er bringt ja nichts mit und darf nichts Altes mitbringen!

Jesus beruft uns in seine Gemeinde, mag diese auch noch so unvollkommen, so kläglich und wenig anziehend sein. Jesus gibt uns für diese Gemeinde ganz bestimmte Aufgaben. Er gibt uns auch die nötigen Gaben dazu.

Dem jungen Menschen darf nicht verheimlicht werden, daß die Nachfolge Jesu kein leichter Weg ist; weder mit sich selbst noch mit manchen Gegnern Jesu, die uns das Christsein erschweren. Dennoch sind wir zum missionarischen wie auch sozialen Dienst an einer Welt ohne Jesus gerufen.

Der Jesus-Mensch wird es lernen und wissen, daß nur von Jesus erneuerte Menschen diese Welt neu machen können. Er wird nicht in christuslosen Menschheitsoptimismus verfallen. Er wird aber zugleich lernen und wissen, daß der erneuerte Mensch nicht mehr für sich lebt, sondern für diese von Gott geliebte Welt.

II. 10 LEITSÄTZE ZUR GESTALTUNG MISSIONARISCHER FREIZEITEN

Wer Freizeiten mit jungen Menschen durchführen will, muß sich eine Menge Kenntnisse aneignen, von denen im folgenden nicht die Rede sein soll und die mehr oder weniger als bekannt vorausgesetzt werden:

Rechtsfragen (Aufsichts- und Haftpflicht, Versicherungsschutz, Naturschutzbestimmungen, Jugendschutzgesetz), allgemein pädagogische Fragen (Leitungs- und Führungsstil, Gruppenbildung, Gruppenprozesse, Strafmöglichkeiten usw.),

sexualpädagogische Fragen (Pubertätsprobleme, Paarbildung, Freizeitsituation als Förderung und Enthemmung),

Spiel, Sport, Wanderung, festliche Höhepunkte usw.

Alle diese Fragenkreise wollen natürlich auch auf einer missionarischen Freizeit mitbedacht sein. Doch gibt es dazu genügend Literatur. Uns soll es hier ausschließlich um den spezifischen Bereich der missionarischen Gestaltung von Freizeiten gehen.

1. Offene und ehrliche Werbung

Schon bei der Einladung zur Freizeit muß allen Interessenten und Teilnehmern klar sein, daß das Wort Gottes den entscheidenden Akzent für diese Freizeit setzen soll. Wer missionarisch arbeiten will, muß in seiner Werbung ehrlich sein. Er darf sein Ziel nicht verheimlichen. Er braucht sich seines Zieles auch nicht zu schämen (vgl. Röm. 1, 16: Ich schäme mich des Evangeliums von Christus nicht!). Mit Recht gibt es sonst Verärgerung auf der Freizeit, wenn man dann plötzlich mit der Bibel ankommen will.

Solche offene Werbung hat zudem bereits einen vor-freizeitlichen missionarischen Effekt. Es kommt zu manchen Gesprächen mit jungen Menschen, die sich für eine Teilnahme interessieren und nach dem Programm einer solchen Freizeit fragen. Es kommt bereits zu Rückfragen und Auseinandersetzungen, warum denn etwa die Bibelarbeit verbindlich sei. Man kann dann bezeugen, was uns an Jesus Christus und warum uns diese Botschaft so wichtig ist für unser ganzes Leben und also auch für die Freizeit.

Ein 18jähriger junger Mann, der ab und zu unsere Jugendveranstaltungen besuchte, sagte vor einer Freizeit: „Wenn ich nicht an den täglichen Bibelarbeiten teilnehmen muß, fahre ich auch mit auf Ihre Freizeit." Sollte ich nachgeben? Gab es nicht auch so viele Möglichkeiten zum Gespräch auf einer Freizeit? Würde er nicht vielleicht auch freiwillig, zumindest einige Male, dabei sein? Sollte ich mir die Chance, ihn mitzubekommen, entgehen lassen?

Natürlich bewegen uns alle diese Fragen. Sind sie nicht verführerisch? Doch wer missionarisch arbeiten will, muß an irgendeiner Stelle auch die Verbindlichkeit des Evangeliums deutlich werden lassen. Als ich dem jungen Mann sagte, daß die Bibelarbeit an jedem Morgen für alle verbindlich sei, redete er von Zwang. Ich sagte ihm: „Das stimmt nicht. Du hast die Freiheit, ob du mit uns fahren willst oder nicht. Jedes Ferienangebot zwingt dich zu ganz bestimmten Dingen — ob du nun mit Touropa oder Hummel oder mit uns fährst. Du hast die Freiheit, zwischen verschiedenen Angeboten zu wählen. Du kennst unser Angebot."

Er fuhr nicht mit. Als wir auf der Freizeit waren, kam er mit zwei Freunden, einem Auto und Zelt nach und fragte, ob er auf unserem Gelände zelten dürfe. Der offizielle Zeltplatz sei zwei Kilometer entfernt. „Natürlich", sagte ich, „wenn Ihr auch an der täglichen Bibelarbeit teilnehmt." Nach einigem Hin und Her willigten sie ein.

Ergebnis: Auf dieser Freizeit kam es zu einem ersten Nachdenken über die Richtung seines Lebens bei dem 18jährigen und zu einer ersten, noch zaghaften Annäherung an die Botschaft der Bibel. Ein Jahr später auf der nächsten Freizeit kommt es zum klaren Durchbruch und zur vollen Lebensübergabe an Jesus. Fünf Jahre später ist er Vorsitzender eines CVJM.

Die ehrliche Werbung mit dem, was uns das Wichtigste ist, die Standfestigkeit an diesem Punkt läßt die anderen nachdenken, warum wir hier so „stur" sind. Dies kann ein erster missionarischer Effekt sein.

Natürlich muß bei aller Festigkeit dem jungen Menschen doch deutlich werden, daß wir um ihn ringen, daß wir ein brennendes Interesse an ihm und seiner Teilnahme haben, daß wir ihm werbend begegnen. Er soll spüren, daß wir bereit sind, einen hohen Preis für ihn zu zahlen, bis hin zu erheblichen finanziellen Unterstützungen. Aber ein Preis ist uns zu hoch: die Preisgabe des Evangeliums.

Natürlich kommt jetzt von manchem der Einwand: Verzicht auf tägliche Bibelarbeit ist doch nicht Preisgabe des Evangeliums! Ich kann dem nur entgegenhalten: für eine Freizeitsituation, wo der junge Mensch Zeit hat, viel Zeit sogar, bedeutet der Verzicht auf das ausführliche Hören auf Gottes Wort in der Tat Preisgabe des missionarischen Auftrags. Dieses Hören auf Gottes Wort ist auch nicht durch noch so viele Gespräche um religiöse Fragen zu ersetzen. Denn es geht darum, daß der Mensch nicht bei sich selbst und seinem so oder so geartetem religiösen Interesse stehenbleibt. Die Konfrontation mit Gottes eigenem Wort muß her.

2. Die tägliche Bibelarbeit

Schon aus dem vorher Gesagten wurde deutlich, daß im Mittelpunkt einer missionarischen Freizeit die tägliche, ausführliche Beschäftigung mit der Bibel steht. Hierzu sollte man sich mindestens eine Stunde Zeit nehmen. Dazu einige konkrete Hinweise:

Jeder Teilnehmer sollte eine eigene Bibel haben, die er auch aufschlägt und in der er mitlesen kann. Wenn es sicher auch einige Zeit dauert, bis jeder die Stelle gefunden hat und und man manchem dabei helfen muß, so sollten doch auch weitere Bibelstellen, die während des Gesprächs oder der Auslegung zitiert werden, von jedem aufgeschlagen werden. Wir haben ja Zeit. Und nur so kann ein Mensch etwas vertrauter mit der Bibel werden. Dies gilt ganz besonders für unsere Zeit, in der der Mensch viel mehr aufs Sehen (siehe Fernsehen!) eingestellt ist als aufs Hören.

Wer keine eigene Bibel hat, für den muß die Freizeitleitung rechtzeitig eine besorgen. Wenn viele Noch-nicht-Christen mitfahren, ist es gut, sich auf das Neue Testament zu beschränken, u. U. sogar auf ein einziges Evangelium. Dann brauchte man nur dieses Evangelium zu besorgen. Es gibt heute solche Ausgaben im Taschenbibelbund für Deutschland e. V., Postfach 2 29, 3388 Bad Harzburg 1.

In der Bibelarbeit sollte immer wieder auf den Text Bezug genommen werden. Es müssen dabei ganz einfache Frage gestellt werden, wie z. B.:

„In welchem Vers steht das?"
„Welches Wort wird hier mehrfach betont?"
„Welche Aussage ist in dem Parallelabschnitt
gleichlautend und welche nicht?"
„Fällt euch in dem Vers etwas auf?"

Solche Fragen helfen zum eigenen Denken.
Und erst das eigene Mitdenken macht eine
Bibelarbeit interessant. Dabei sollen diese Fragen zur Entdeckung helfen, daß in der Bibel
viel mehr steht als oberflächliche Leser mei-
nen, daß diese angeblich so alte Bibel Dinge
unseres eigenen Lebens aufdeckt, die man
sonst kaum beachtet, die aber Wirklichkeit
sind.

Die monologische Auslegung eines Textes
(einer spricht allein) hat zweifellos ihre Vorteile, weil man hier im Zusammenhang die Botschaft bringen kann. Ebenso aber hat das Gespräch über einen Text seine Vorteile, weil
man sich hier in Frage und Antwort, in Ein-
wurf und Richtigstellung austauschen kann
(wobei eine gute Gesprächsleitung nötig ist).
Am besten ist wohl eine Kombination von bei-
dem. Zuerst eine etwa 20minütige anschauliche,
sowohl text- als auch gegenwartsbezogene Auslegung. Dann erfolgt eine Aufteilung in klei-
nere Gesprächsgruppen. Die Größe dieser Gesprächsgruppen hängt natürlich von der Zahl
der zur Verfügung stehenden Mitarbeiter ab.

Doch sollten diese Gruppen auf keinen Fall mehr als 15 Personen umfassen, besser ist die Zahl von acht bis zehn Personen pro Gruppe. Diese Gesprächsgruppen müssen eine Mindestzeit des Zusammenbleibens vereinbaren, damit man sich nicht gegenseitig stört, wenn die einen schon nach 15 Minuten lärmend durchs Haus oder ums Haus ziehen. Wenn es in einer Gesprächsgruppe so interessant wird, daß man nach der vereinbarten Zeit noch im Gespräch zusammenbleiben will, dann ist das Umherlaufen der anderen nicht so tragisch.

Vormittags ist der günstigste Zeitpunkt für die Bibelarbeit. Am Abend ist der junge Mensch auf Freizeiten für geistige Arbeit zu müde, zumal die Nächte im allgemeinen etwas kürzer als zu Hause sind. Zudem kann man den Abend gut mit anderen Programmpunkten, durch andere missionarische Formen (z. B. Film, thematische Diskussion) füllen, was am Morgen nicht immer möglich ist.

Die Vorbereitung auf die Bibelarbeiten ist die wichtigste Vorbereitung für die Freizeit. Wenn Gott uns so ernst nimmt, daß er uns als sein Werkzeug gebrauchen will zur Weckung und Förderung des Glaubens, dann sollten wir Gott so ernst nehmen, daß wir uns gründlich zu Hause vorbereiten. Einzelheiten kann man dann immer noch aufgrund einer bestimmten Freizeitsituation variieren. Doch Faulheit und mangelhafte Vorbereitung haben nicht die Verheißung des Segens.

Für eine gründliche Vorbereitung gibt es heute zahlreiche Hilfsmittel:

allgemein verständliche Kommentare,
Einzelauslegungen in Predigten und Bibelarbeiten,
geistliche Beispielsammlungen,
methodische Anregungen zur Durchführung von Bibelarbeiten,
Bilder und Grafiken zum Text.

Das wichtigste Hilfsmittel bleibt immer die eigene Phantasie und Liebe zur Vorbereitung. Gottes Wort ist nicht langweilig. Darum sollten wir es nicht durch mangelhaft vorbereitete Bibelarbeiten langweilig machen.

Bei einer 15tägigen Freizeit könnte der Aufriß der Bibelarbeiten so aussehen, daß man die Akzente etwa folgendermaßen setzt:

erst 6 Tage Freude an Jesus wecken,
dann 2 Tage die jungen Leute mit der Frage konfrontieren: „Soll ich mich diesem Jesus anvertrauen?",
dann 5 Tage aufzeigen: Nachfolge Jesu — wie sieht das praktisch aus?,
zum Schluß nochmals die Frage der Entscheidung aufgreifen, aber niemanden bedrängen!

Nach vielfacher Erfahrung ist es so, daß auf einer missionarischen Freizeit die Entscheidungen im allgemeinen etwa nach 8 bis 10 Tagen fallen. Dann ist allen mehr oder weniger klar, worum es in der biblischen Botschaft geht, so daß die einen nun bewußt abschalten, die anderen nun bewußter dabei sind. Deswegen ist eine missionarische Freizeit auch kaum länger als 15 Tage durchzuführen. Bereits die letzten Tage dienen der Ausreifung von gefallenen Entscheidungen.

3. Die Vieltönigkeit der Verkündigung

Die Verkündigung der Frohen Botschaft darf nicht eintönig werden, sie muß vieltönig und vielfältig erklingen. Der inhaltliche Reichtum der Botschaft bedarf auch eines formalen Reichtums in der Verpackung. Deshalb ist die tägliche Bibelarbeit zwar die konzentrierteste Form der Verkündigung, aber darf auf keinen Fall die einzige Form sein. Man kann geradezu von flankierenden Maßnahmen zur Bibelarbeit sprechen, die eine missionarische Freizeit nötig hat. Im einzelnen bieten sich folgende Möglichkeiten:

a) Die „stille Zeit" kann und soll auf der missionarischen Freizeit eingeübt werden. Denn die Bibelarbeit ist etwas, was die jungen Menschen zu Hause im Alltag nicht weiterführen können. Sie brauchen aber eine im Alltag praktikable Form des Umgangs mit Gottes Wort. Darum geht es in der stillen Zeit. Man liest anhand eines sog. Bibelleseplans täglich einen kleinen Abschnitt aus der Bibel, man denkt darüber nach, was Gott mir durch dieses Wort für mein Leben zu sagen hat (an Schuldaufdeckung oder an Trost, an konkreten Aufträgen oder an Erkenntnis usw.), und man redet mit dem auferstandenen Herrn.

Wenn die Bibellesepläne für diese Zeit gerade einen Text vorsehen, der für Anfänger im Bibellesen nicht so leicht ist, ist zu überlegen, ob man nicht für diese Freizeit eine eigene Bibellesereihe zusammenstellt. Entscheidend ist jedenfalls, daß man es lernt, für sich persönlich auf die Stimme Gottes zu hören.

Nach einer Zeit von vielleicht 8—10 Minuten persönlichen Lesens und Nachdenkens sollten zumindest einige noch einen Gedanken äußern, der ihnen in diesem Text wichtig geworden ist. Falls man die stille Zeit in kleineren Gruppen durchführt (etwa parallel zu den Gesprächsgruppen bei der Bibelarbeit), kann auch jeder einen Satz äußern. Das Gebet mehrerer aus der Gruppe schließt diese Stille ab.

Manche machen auch diese stille Zeit verbindlich wie die Bibelarbeit. Andere lassen an dieser Stelle bewußt die Freiheit der Teilnahme, weil Unwillige leicht zu große Unruhe bringen.

In jedem Fall sollte man immer wieder Mut machen zu solcher Stille. Denn es ist für den lärmgewohnten und manchmal geradezu lärmbedürftigen Menschen unserer Zeit (manche Schüler können ohne laufendes Radio nicht leben!) oft schwer, die Stille auszuhalten. Man flieht die Stille, weil sie Ungewohntes bringt. Doch es lohnt sich, diese Schallmauer des Ungewohnten zu durchbrechen.

b) Wenn die stille Zeit nur von einem Teil der Freizeitteilnehmer besucht oder wenn sie erst in der Mittagspause gehalten wird, sollte man das Frühstück mit einer 1-Minuten-Besinnung beginnen. Hervorragend geeignet dafür ist z. B. das Buch „Bitte Stolpern" von Ulrich Parzany. Selbst die uninteressiertesten Außenseiter hören hier zu.

Diese Mini-Andachten können jugendliche Mitarbeiter vorlesen (allerdings vorher üben!). Diese beginnen dann auch das Essen mit einem Tischgebet oder einem freien Gebet.

c) Zum Abendessen pflegen wir gerne einen „geistlichen Nachtisch" zu servieren in Form einer geistlichen Kurz- oder Fortsetzungsgeschichte (etwa 5 bis 8 Minuten). Bei Kurzgeschichten muß ein sachlicher Zusammenhang gegeben sein, damit die Fülle der verschiedenen Geschichten nicht erdrückt.

Als sachlicher Zusammenhang bietet sich z. B. an: Missionsgeschichten aus fünf Kontinenten.

Am besten hat man dazu eine Weltkarte, auf der an jedem Abend ein Fähnchen dazukommt, das das Gebiet anzeigt, in dem diese Geschichte spielt. Oder man stellt eine bestimmte Missionsgesellschaft vor, indem man an jedem Abend eine Szene berichtet. Oder man bringt Bilder aus dem Leben eines bekannten Christen (man wird dabei wieder staunen lernen, wie gegenwartsnah und aktuell das Leben der „Väter" oft war!).

Solche geistlichen Erzählungen liefern oft den Anschauungsunterricht für das, was man am Morgen in der stillen Zeit und der Bibelarbeit gelesen hat. Und nicht selten bringen Teilnehmer am Bibelarbeitsgespräch noch Tage später diese Bilder als Beispiele für das gerade Gelesene.

d) Das Abendprogramm soll sicher bunt gemischt sein. Aber auch hier kann der eine oder andere Abend durchaus missionarisch orientiert sein. Natürlich nun wieder in einer anderen Verpackung. Es bieten sich an:

geistlich motivierte Filme,

Dia- und Tondiaserien,

Diskussionsgruppen zu aktuellen Themen (Marxismus, Sexualität, Freundschaft, Revolution usw.), die man dann natürlich missionarisch auswerten muß,

Bucherzählungen (natürlich muß man Abschnitte auswählen, am besten erzählen!), z. B. von

Jim Vaus „Ich war ein Gangster" oder von David Wilkerson „Das Kreuz und die Messerhelden".

e) Man unterschätze nicht den missionarischen Effekt, den das Singen moderner geistlicher Lieder hat. Mit der ganzen Gruppe wie auch in kleinen Hobby-Gruppen sollte das immer wieder geschehen. Dabei kommt es nicht so sehr auf musikalische Qualität an, sondern darauf, daß die Leichtigkeit der Melodie und die Verständlichkeit des Textes auch Singungewohnte zum Mitsingen einladen.

Wenn man geistliche Lieder mit englischen Texten singt, kann es nicht schaden, zwischendurch mal auf diese oder jene Formulierung aufmerksam zu machen. So groß sind die Englisch-Kenntnisse auch heute noch nicht! Und wenn es nur zwei, drei Sätze sind — sie können einen Stachel hinterlassen, an den man dann bei jedem weiteren Singen dieses Liedes denken wird.

f) Als Tagesausklang haben jugendliche Mitarbeiter ein „pray out" erfunden. Wer will, trifft sich vor dem Schlafengehen noch zu einigen Abendliedern und anschließender Gebetsgemeinschaft. Auch hierzu kann man einladen. Es ist gut, wenn Außenstehende mitbekommen, wie junge Christen den Tag rückblickend vor Gott bringen.

Auch bei der täglichen Bibelarbeit gibt es verschiedene Variationsmöglichkeiten. Allerdings sollte hier doch einige Vorsicht gegenüber vielen neuen Methoden der Bibelarbeit geboten sein. Bei manchen dieser Methoden tritt allzu leicht der Text selbst in den Hintergrund. A und O der Bibelarbeit muß jedoch sein, daß die Autorität des Wortes Kraft gewinnt für das heutige Leben.

g) Die Vielfalt der Botschaft muß einem deutlich werden durch eine Vielzahl von Verkündigern. Bibelarbeit, Andacht, geistliche Aussagen usw. dürfen nicht das Metier von einzelnen Leuten sein. Nicht jeder spricht alle an. Dem einen liegt dieser Typ, dem anderen ein anderer. Wo dem einen etwas mißlungen ist, können andere eingreifen und nachhaken.

Vor allem: die Vielzahl der Verkündiger macht deutlich, daß es nicht nur eine Art des Christseins gibt. Natürlich müssen die Verkündiger sich in der Botschaft völlig einig sein. Aber diese Botschaft kommt ja in jedem Christen zu ihrer eigenen Ausprägung. Das sollen die Teilnehmer unserer Freizeiten sehen und so Mut bekommen zu der Ausprägung, die unser Gott nun mit ihnen vorhat.

h) Die wichtigste Form in der Vieltönigkeit sei zum Schluß dieses Abschnittes genannt: die persönliche Evangelisation. 15 Tage sind eine lange Zeit. Da gibt es viele Gelegenheiten zum Gespräch. Was machen wir mit diesen Gelegenheiten? Reden wir nur über Fußball und Wetter, über Fahrten und Skat, über Witze und Musik?

„Rede zur Zeit und zur Unzeit" (2. Tim. 4, 2) gilt ganz sicher auch hier. Gerade eine Wanderung oder ein Gute-Nacht-Gespräch eignen sich zu solch zwanglosem Gespräch über Glaubensfragen hervorragend. Wir müssen es nur bewußt ansteuern. Wenn wir merken, daß der andere uns ausweicht, können wir immer noch das Thema wechseln. Doch in überraschend vielen Fällen ist ein junger Mensch aufgeschlossen für ein persönliches Gespräch. Manche Fragen werden hier geäußert, die in der Bibelarbeitsgruppe nicht genannt wurden. Meist in solchen Gesprächen und selten in der Bibelarbeit kommt es dann auch zum „Zubinden des Sacks", daß nämlich einer nun bewußt einen Anfang im Glauben macht.

Zu solchen persönlichen Gesprächen sollten sich Christen auf einer missionarischen Freizeit immer wieder Mut machen. Gerade weil es hier für beide Seiten so existentiell, so persönlich wird, scheuen wir allzu leicht an dieser Stelle zurück. Doch Gott macht uns Mut: „Nehmet immer zu in dem Werk des Herrn, weil ihr wisset, daß eure Arbeit nicht vergeblich ist in dem Herrn" (1. Kor. 15, 58).

4. Junge Mitarbeiter sind nötig

Junge Christen als Mitarbeiter sind eine wesentliche Voraussetzung dafür, daß eine Freizeit missionarisch wird. „Junge Christen" sind Freizeitteilnehmer im Alter der übrigen Freizeitteilnehmer, die aber bereits Christen sind.

Die Leitung einer Freizeit beinhaltet bei aller Erfahrung doch immer ein Stück Abstand zu den Jugendlichen. Die jungen Christen sind dann die Mitarbeiter, die die Kontakte nach beiden Seiten herstellen:

einerseits können sie die Botschaft der Bibel durch ihre Redeweise und ihre Altersnähe viel leichter ins jugendliche Leben übersetzen,

andererseits können sie oft Wünsche und Mißstimmungen viel früher erkennen als die älteren Mitarbeiter und dadurch frühzeitig Abhilfe schaffen.

Manche Gruppen gehen darin so weit, daß sie das Verhältnis von 1:1 für nötig halten, d. h. auf einen Nichtchristen sollte immer ein Christ kommen. Anderen genügt es, wenn auf 4 bis 5 Nichtchristen ein Christ kommt. Bei diesen Überlegungen spielt nicht nur die bloße Zahl eine Rolle, sondern wichtig ist auch, ob es sich bei den Nichtchristen um Leute handelt, die ganz fremd mitkommen oder um solche, die schon einigermaßen regelmäßige Kontakte mit unseren Gruppen haben. Der Vorteil im letzteren Fall ist der, daß ihnen unsere Botschaft und auch unser Lebensstil nicht mehr fremd ist.

Es ist gut, mit den jungen Christen, die auf eine missionarische Freizeit mitfahren, vorher ein gesondertes Gespräch zu führen. Hier kann man ihnen Mut machen, sich auf der Freizeit ganz bewußt als Mitarbeiter im Reiche Gottes zu sehen. Man kann ihnen auch einige Tips geben, wie sie diese Aufgabe anpacken können. Umgekehrt wird man sie auch zumindest in einen Teil der Planung mit hineinnehmen und ihre Anregungen mit verwerten.

Viele gutgemeinte Freizeiten werden darum nie missionarisch, weil man es versäumt, zielbewußt junge Christen mit heranzuziehen, oder weil man sich scheut, den Unterschied Christ und Nichtchrist zu sehen. Man braucht keine Sorgen zu haben, daß sich eine Freizeit durch eine solche Unterscheidung spaltet. Dazu sind junge Christen im allgemeinen viel zu natürlich, als daß durch ihr Christsein eine falsche Kluft entstehen könnte. Und die echte Kluft zwischen dem, der von Herzen glaubt an Jesus, und dem, der nicht glaubt, ist doch nun einmal von Gott her gegeben. Wollen wir das vertuschen?

5. Hilfen zur Entscheidung geben

Es gehört zu einer missionarischen Freizeit, daß man nicht nur um Bekehrungen betet und im Glauben mit Bekehrungen rechnet, sondern daß man auch für die jungen Menschen Möglichkeiten zur Bekehrung schafft. Wie leicht predigen wir in unseren Bibelarbeiten davon, daß Gott die grundlegende Umkehr eines Menschen will, aber geben unseren Hörern und Gesprächsteilnehmern keine Möglichkeit, jetzt eine solche Umkehr zu vollziehen.

Ein Erlebnis vor vielen Jahren gab mir sehr zu denken.

Es war einige Wochen nach einer Freizeit. Ein Junge, der immer sehr aufmerksam bei Bibelarbeiten und aller Verkündigung dabei gewesen war, war seither nicht mehr erschienen. Ich besuchte ihn und wollte ihn fragen, warum er denn nicht in unsere Gruppe käme. Ohne das Ende meiner Frage abzuwarten, platzte er heraus: „Ich habe so darauf gewartet, daß du mal mit mir sprechen würdest!" Da hatten wir ihm also Mut gemacht zu einem Leben mit Jesus, da hatte Gott ihm das Herz geöffnet für sein Evangelium — aber wir hatten ihm keine Gelegenheit gegeben, nun auch wirklich ein Leben mit Jesus zu beginnen.

Wie oft mag das auf unseren Freizeiten geschehen? Es ist mit der Bekehrung eines Men-

schen in den meisten Fällen wie beim Pferd-
sprung: man braucht jemand zur Hilfestellung.

Wohlgemerkt: es geht nicht darum, jemand zur
Entscheidung für Jesus zu drängen, in dem
Gott es noch nicht zur Entscheidung hat reifen
lassen. Aber es geht um diese schlichte Hilfestellung für die vielen, die Gott vorbereitet hat,
aber die nicht ohne den Zuspruch und die Hilfestellung eines Christen zur Klarheit und Freude
des persönlichen Glaubens kommen. Wie geschieht das?

In erster Linie durch persönliche Gespräche.
Eine Erweckung für Christus bringt immer viele Fragen mit sich. Manch einer wagt nicht, sie
im größeren Kreis auszusprechen. Aber er
kommt nicht weiter in seiner Bereitschaft zu
glauben, wenn diese Fragen nicht geklärt sind.
Das geschieht. Aber nun darf man nicht bei der
Klärung der Fragen stehenbleiben und denken,
nun sei die Aufgabe des Christen erledigt.

Es geht darum, Hilfestellung zu geben und
Mut zu machen zu einer bewußten Lebensübergabe an Jesus Christus. Dazu muß geklärt sein,
was mit „Lebensübergabe" gemeint ist und
welche Konsequenzen sie für das künftige Leben mit sich bringt. Es muß deutlich werden,
daß Christsein nicht ein moralischer oder mit-
menschlicher Akt ist, sondern das tiefe Vertrauen, daß Jesus für mich am Kreuz gestor-

ben ist und dadurch mich mit Gott in Ordnung gebracht hat.

Im Gebet erfolgt dann dies Sich-Ausliefern an Jesus. Und ich darf Zeuge dieser Auslieferung sein und dem Beter im Namen Jesu die Annahme seines Gebetes bei Gott zusagen (u. U. auch mit Handauflegung).

Drittens muß ich ihm Gelegenheit geben, seinen frisch geschenkten Glauben zu bekennen. Ich bin eigentlich immer wieder selber erstaunt, wie selbstverständlich jungen Christen dies ist, wenn man es ihnen aus der Schrift als selbstverständliche Reaktion des Gläubigwerdens zeigt. Eine frühere Generation tat sich hierin viel schwerer. Und oft geben ältere Christen den jungen Menschen nur ihre eigenen Hemmungen mit, anstatt sie aufmerksam zu machen auf die Schrift. Wo immer in der Schrift ein Mensch sich von Jesus beschenkt wußte, da konnte er es nicht für sich behalten. „Wes das Herz voll ist, des geht der Mund über", sagt schon Jesus (Matth. 12, 34).

Solches Bekenntnis eines jungen Menschen auf einer Freizeit hat seinerseits wieder missionarische Effekte. Die anderen Nichtchristen kannten ihn doch schließlich als ganz „normal". Diese Veränderung zwingt sie zu einem vertieften Nachdenken über die Botschaft, die ihnen täglich begegnet.

Schließlich geht es darum, einem jungen Christen nun die Lebensäußerungen eines Christen zu zeigen und ihn einzuführen in das Leben eines Christen. Dazu gehören die tägliche „stille Zeit", das Gebet, die kleinen Dienste des Alltags in der Gemeinschaft, das Erfassen des weltweiten missionarischen und sozialen Auftrags, den uns Gott gegeben hat usw.

Hier auf der Freizeit können die Gleise gelegt werden, damit ein junger Glaube in der richtigen Richtung weiter wächst. Hier müssen sie es auch, damit wir nicht schuldig werden an dem, was Gott in einem Menschen begonnen hat.

6. Kein missionarischer Leistungsdruck

Nach dem bisher Gesagten kann vielleicht bei dem einen oder anderen Leser der Eindruck entstehen, daß Mitarbeiter einer missionarischen Freizeit unter einem starken missionarischen Leistungsdruck und Erfolgszwang stehen. Nichts wäre schlimmer als solch ein Leistungsdruck. Dann wird alles Verkündigen zum Krampf. Gerade dann wird alles, was nach Erfolg aussieht, doch nur Scheinerfolg sein.

Oberstes Gebot einer missionarischen Freizeit ist darum, daß durch unser ganzes Reden, Handeln und Leben etwas von der Lockerheit und Gelöstheit der Kinder Gottes deutlich wird.

Eine Atmosphäre der Freiheit und der Freude, die wir um uns herum verbreiten, ist der beste Boden, auf dem geistliches Leben entstehen und wachsen kann.

Um nicht in irgendwelchen Erfolgszwang zu geraten, muß sich ein Mitarbeiter einer missionarischen Freizeit immer wieder klarmachen: Nicht der missionarische Erfolg rechtfertigt unser missionarisches Handeln, sondern der Auftrag Jesu Christi, der uns verkündigen heißt zur Zeit und zur Unzeit. Man muß sich nur einmal vergegenwärtigen, daß Gott im Alten Bund einen Mann zum Verkündigungsdienst beruft mit der erklärten Absicht des missionarischen Mißerfolgs. Dennoch hat dieser Mann, Jesaja, im Gehorsam zu verkündigen (Jes. 6, 9—10). Auch dem Propheten Hesekiel macht Gott bei seiner Berufung ausdrücklich klar, daß er nicht nach seinem Erfolg gefragt werden wird, sondern nach seinem Gehorsam gegenüber dem Auftrag Gottes (Hes. 3, 17—21).

Umgekehrt mußte Jesus einmal einen Erfolg im Leben seiner Jünger erst wieder ins rechte Licht rücken. Die kamen von einem Missionsunternehmen voller Begeisterung über ihren unerwarteten Erfolg zurück (Luk. 10, 17). Jesus bestreitet diesen Erfolg auch gar nicht, sondern bestätigt ihn sogar als echt. Dennoch mahnt er seine Jünger: „Doch darüber freut euch nicht.

... Freut euch vielmehr, daß eure Namen im Himmel geschrieben sind!" (Luk. 10, 20). Jesus will seine Mitarbeiter nicht leistungsorientiert, sondern gnadenorientiert haben, nicht erfolgsorientiert, sondern auftragsorientiert.

Wo Mitarbeiter von diesem Wissen geprägt sind, löst sich alle missionarische Verkrampfung. Da werden wir in die Freude Gottes so mit hineingenommen, daß es ansteckend wirkt auf die Freizeitteilnehmer. Auch wenn sie dann vielleicht nicht selber den Schritt des Glaubens wagen, spüren sie doch die Kraft des Evangeliums. Es kann dann zu Sätzen kommen wie: „Eigentlich beneide ich Sie um Ihr Leben; Sie haben es doch gut, daß Sie wissen, warum und wofür Sie leben."

7. Die Ganzheit des Lebens

Die besten missionarischen Ideen nützen wenig, wenn es nicht zur Ganzheit des Lebens kommt. Schließlich kann man nicht den ganzen Tag irgend etwas Geistliches machen. Was tut man in der übrigen Zeit? Überläßt man da die jungen Leute sich selbst? Ist Spiel und Sport, Wanderung und Baden missionarisch belanglos? Keineswegs!

Alle anderen Dinge des Tages sind für uns nicht nur Füllsel, sondern sind integriert in das große Programm unseres Gottes, daß er uns ein Leben voller Freude schenken will. Warum hat sich unser Gott die Schönheit der Natur einfallen lassen? Warum gibt er uns tausend Möglichkeiten, damit der Mensch sich entfalten kann? So gehört es zur Ganzheit des Lebens und damit auch zu einer missionarischen Freizeit, den jungen Menschen ein interessantes Freizeitprogramm anzubieten.

Dafür gibt es zahlreiche Möglichkeiten: Wanderungen und Fahrten vermitteln die Schönheiten der Natur und wecken vielleicht eine bisher nicht gekannte Freude an der Natur. Anstrengende Tages- oder Halbtagstouren lassen bei manchem ungeahnte Kräfte wach werden und bringen neben den Erlebnissen der Landschaft und des Gebirges die Freude an der eigenen Leistung. Spiele und sportliche Wettkämpfe, bunte Nachmittage und Abende dienen der Kommunikation und der Erholung. Angebote von Hobby-Gruppen (evtl. in zweitägigem Rhythmus) lassen Neues lernen und erfahren: Gitarrenkurs, Erste-Hilfe-Kurs, Bastelkurs, Literaturkurs, Laienspielgruppe und vieles andere helfen zur eigenen Entfaltung.

Viele Jugendliche sind heutzutage unfähig, selber eine Freizeit sinnvoll zu gestalten, da sie von Haus aus auf Konsumangebote eingestellt sind. „Saufen und Sex" ist ihr einziges Motto.

Man wird deswegen einiges anbieten müssen, wenn man nicht riskieren will, daß sich die Mehrzahl der jungen Leute langweilt bzw. darauf ausweicht. Allerdings soll unser Angebot nicht das Konsumverhalten verstärken, sondern nach Möglichkeit helfen, zu eigener kreativer Tätigkeit zu kommen. Wieweit diese Hilfestellung gehen muß, wird von den jeweiligen Teilnehmern der Freizeit abhängen.

Jedenfalls ist eine missionarische Freizeit dann gelungen, wenn auch die entschiedenen Nichtchristen hinterher sagen: „Es war schön!" Sicher wird uns das nicht immer gelingen, doch sollte es unser erklärtes Ziel sein.

8. Ordnung muß sein

Ja, leider, Ordnung muß sein. Ordnung schafft zwar kein geistliches Leben, aber Unordnung hindert das Entstehen und Wachsen geistlichen Lebens erheblich. Das beginnt mit der Pünktlichkeit bei den Mahlzeiten und bei verabredeten Treffpunkten. Pünktlichkeit ist ein Ausdruck der Achtung vor dem anderen Menschen, den man nicht einfach warten läßt. Solche Achtung vor dem anderen ist ein wesentlicher Bestandteil des Evangeliums. Das geht weiter über manche Tagesordnungen bis hin zu einer geregelten Schlafenszeit.

Ohne Ordnung in den vielen praktischen Dingen des Zusammenlebens gibt es unweigerlich unnötige Reibereien und Konflikte. Ohne Ordnung in den äußeren Dingen des Lebens kommt es auch zu keiner Ordnung im seelisch-geistlichen Leben des Menschen. Auch wenn der Jugendliche es anfangs oft nicht einsieht, warum eine Ordnung sein muß, die doch die individuelle Freiheit einschränkt — der durch Unordnung am meisten negativ Betroffene ist letzten Endes immer er selbst.

Ordnung ist nicht durch Schimpfen durchzusetzen, sondern durch Argumente und Überlegenheit und Bestimmtheit des Auftretens. Die Freizeitleitung hat eine Verantwortung übernommen, die sie nicht nach Belieben delegieren kann an die Jugendlichen. Das schließt nicht aus, daß über Ordnungen diskutiert werden kann und daß Ordnungen veränderbar sind. Doch auch solche Veränderungen geschehen nicht einfach durch Übertreten und Boykottieren, sondern durch Neu-Ordnung. Es kann sich z. B. herausstellen, daß die Jugendlichen morgens kaum aus den Betten kommen. Man kann dann ein späteres Aufstehen oder ein früheres Schlafengehen in Erwägung ziehen. Man wird jedoch darauf achten müssen, daß es in keiner Weise sinnvoll ist, die Nacht zum Tag zu machen.

Es ist hier nicht der Ort, Ordnungsvorschläge

im einzelnen zu machen. Das hängt zu sehr von den örtlichen Gegebenheiten, von dem Alter der Teilnehmer, von der Zusammensetzung der Gruppe usw. ab. Wichtig ist nur, daß die Ordnung nicht eine Sache eines Verantwortlichen ist und von seiner Anwesenheit abhängt. Sie muß auf gegenseitigem Vertrauen beruhen. Nur so dient sie dann auch der Aufgeschlossenheit gegenüber unserem missionarischen Anliegen.

9. Die Freizeit geht weiter

Eine missionarische Freizeit ist mit der Rückreise nicht beendet. Ich meine damit nicht das vielfach übliche Freizeittreffen. Das mag schön und gut sein, aber hilft — missionarisch gedacht — für sich allein nicht weiter. Viele gute Freizeiten verpuffen ins Leere, weil man nicht rechtzeitig (!) und d. h. zum Teil schon vor der Freizeit, auf jeden Fall aber auf der Freizeit, überlegt, wie es nun weitergehen soll.

Ein zum Glauben Gekommener ist wie ein Baby. Dies ist ein biblisches Gleichnis (von neuem geboren, wiedergeboren). Wer würde ein neugeborenes Baby allein lassen? Niemand. Aber wie oft lassen wir junge Christen allein und wundern uns, wenn sie hinterher wieder

41

abfallen. Wir reden dann von Scheinbekehrungen und bloßer Begeisterung. In Wirklichkeit liegt in vielen Fällen nichts anderes als grobe fahrlässige Tötung vor!

Einige Anregungen für eine gezielte Nacharbeit:

Die ersten Wochen nach einer Freizeit sind die wichtigsten. Doch gerade in dieser Zeit sind oft noch Ferien, die Mitarbeiter sind in Urlaub, die Gruppenstunden fallen aus. Die jungen Christen aber sind in den ersten Wochen allein gelassen und verkümmern. Dies darf nicht sein. So wie es einen ärztlichen Notdienst gibt an Feiertagen, so muß es auch in der Ferienzeit einen „christlichen Notdienst" geben. Irgendein Verantwortlicher kann das durchziehen. Dazu bedarf es keines großen Programms. Aber die jungen Christen müssen wenigstens ein- oder zweimal in der Woche die Möglichkeit haben, sich zu treffen zum Gespräch, zum Spielen und Musikhören, vor allem aber zum geistlichen Austausch, zum gemeinsamen Bibellesen und Beten.

Dies muß aber bereits auf der Freizeit bekannt sein. Auf der Freizeit soll (wenn irgend möglich) auch der mit dabei sein, der in den anschließenden Wochen diesen Notdienst durchführt. Hier kann man schon planen, wann und wo man sich trifft, falls das nicht bereits vorher geklärt ist.

Manchmal ist es günstig, die Teilnehmer einer Freizeit in die bestehenden allgemeinen Jugendgruppen einzuladen, aber nicht in die bestehenden Bibelgruppen. Die sind oft schon so fest geprägt, daß man nicht leicht hineinkommt. Auch erweist es sich für Neulinge nicht immer ganz leicht, ihren persönlichen Zeitplan nun ganz auf den Zeitplan der vorhandenen Jugendgruppe abzustellen. Hier muß eine missionarische Jugendarbeit sehr beweglich sein.

Wir haben z. B. zu unseren bestehenden Bibelgruppen einmal nach einer Freizeit eine weitere Bibelgruppe begonnen mit den bei der Freizeit zum Glauben gekommenen Teilnehmern. Das hat sich hervorragend bewährt, zumal diese jungen Christen zu Hause einen anderen Freundeskreis als die bisherigen Christen hatten und aus diesem Freundeskreis noch weitere mitbrachten. Das ist nicht nach jeder Freizeit sinnvoll. Es geht hier einfach darum, daß wir missionarisch beweglich genug sind, uns auf die jeweiligen Gegebenheiten einzustellen. Die fixen Größen in einer missionarischen Jugendarbeit sind nicht unsere bisherigen Gruppen und Zeiten, sondern die Menschen, die Gott uns in den Weg schickt. Auch diese Dinge müssen bereits auf der Freizeit geklärt werden.

Zu einer missionarischen Freizeit gehört im Blick auf das Hinterher, daß man sich mit dem nötigen Schriftenmaterial eindeckt, das man für junge Christen braucht. Das beginnt mit dem Bibellesematerial. Wir besorgen uns am Anfang des Jahres grundsätzlich eine Reihe „Gespräche mit Jesus" oder „Termine mit Gott" (Bibellesehilfen für das ganze Jahr), die wir für Freizeiten bereit haben. Auch anderes Schriftenmaterial für Menschen, die einen Anfang im Glauben gemacht haben oder machen wollen, sollte man auf einer Freizeit immer vorrätig haben.

Schwierig ist es mit Teilnehmern, die zu Hause nicht am gleichen Ort wohnen. Wenn diese nicht genau wissen, an wen sie sich in ihrer Heimat wenden können, ist es nötig, für sie eine missionarisch orientierte Jugendgruppe ausfindig zu machen bzw. bewußten Christen an ihrem Ort die Adresse weiterzugeben. Das läßt sich am besten über große Jugendverbände (z. B. CVJM, EC u. a.) machen, evtl. auch über Kirchengemeinden.

Manche Teilnehmer einer missionarischen Freizeit lehnen bewußt die Botschaft der Bibel ab. Manche werden darüber hinaus zu solchen Teilnehmern, die durch ihr aggressives und mangelhaftes Gemeinschaftsverhalten zu einer Belastung für die Freizeit werden.
Wichtig ist, daß man auch diesen Leuten hinterher genauso freundlich begegnet, sie freundlich grüßt, sie einlädt zu den Jugendstunden.

Manch einem ist selbst nicht ganz wohl bei der Erinnerung an sein Verhalten. Manch einer kommt dann im nächsten Jahr von sich aus mit der Frage, ob er noch mal mitfahren dürfe — er wisse ja, daß sein Verhalten letztes Mal nicht so einwandfrei gewesen sei ... Oft fallen durchdachte und tragende Glaubensentscheidungen erst auf einer zweiten oder dritten Freizeit. Dazu dürfen wir aber nicht den Weg verbauen durch ein unfreundliches Verhalten, mit dem wir uns sozusagen revanchieren.

10. Mut zu Neuem

Eine missionarische Freizeit ist nicht leicht. Zu den auch sonst mit einer Jugendfreizeit verbundenen Schwierigkeiten kommt nun noch die hinzu, daß man durch eine eindeutige Verkündigung zum Widerspruch reizt. Denn das ist klar, daß die Botschaft von des Menschen Sünde und dem alleinigen Heil in Jesus nie auf ungeteilte Zustimmung stößt. Es gibt Spannungen. Denen möchten wir meistens gern ausweichen. Darum bleiben viele lieber so zurückhaltend in ihrer Verkündigung, damit der Widerspruch nicht zu laut wird.

Mancher hat auch sog. theologische Vorbehalte gegen allzuviel missionarischen Eifer auf einer

Freizeit. Es erscheint ihm zu pietistisch oder zu evangelikal oder zu drängerisch. Er verteidigt sich damit, daß Gott es doch letztlich sei, der Glauben wirkt. Der Mensch solle dies nicht sich selbst anmaßen. Manche bezeichnen eine missionarische Vieltönigkeit und Vielseitigkeit auch schlicht als Manipulation. Dabei ist Manipulation doch nur dann gegeben, wenn jemand etwas erreichen will, ohne sein Ziel offen zu nennen. Wir aber nennen unser Ziel ganz offen von Anfang an.

Mancher sagt, das alles könne er nicht. Dazu bedürfe es besonderer Charismatiker. Er selbst könne besser sozial arbeiten, er könne besser eine allgemein freundliche und aufgeschlossene Freizeitatmosphäre schaffen. Das sei doch schließlich auch wichtig.

Rühren die meisten Bedenken nicht letztlich nur daher, daß wir uns vor etwas Neuem scheuen? „Pflüget ein Neues" ruft Gott einem müde und lasch gewordenen Volk zu (Jer. 4, 3; Hos. 10, 12). Und hinter diesem Aufruf steht zugleich die Verheißung unseres Gottes „Siehe, ich will ein Neues schaffen". Ja, Gott ist es, der allein Glauben wirkt und Neues schafft. Aber er tut es durch Menschen. Er will es durch uns tun. Und darum missionarische Aktivität und Phantasie. Darum Mut zu Neuem!

46

Mut zu Neuem nicht, weil das Neue den Erfolg garantiert oder auch nur wahrscheinlich macht. Auch nicht um des Neuen willen. Sondern Mut zu Neuem um des missionarischen Auftrags willen, dem wir auf jede Art und Weise gehorsam werden wollen. Und um der Verheißung willen, die Gott auf alles vertrauensvolle Tun für ihn gelegt hat (s. 1. Kor. 15, 58). Wir dürfen wissen, daß Gottes Wort nicht leer zurückkommt (Jes. 55, 11). Im Vertrauen auf dieses Wort können wir uns getrost immer wieder an Neues wagen. Auch bei unseren Freizeiten.

© 1976 Aussaat Verlag GmbH, Wuppertal
Umschlagfoto: Hans Lachmann, Düsseldorf
Satz und Druck: Aussaat Verlag, Wuppertal
ISBN 3 7615 0220 6